Género Ficción realista

I0794557

Pregunta esencial

¿Cómo inspiran los animales a los escritores?

El Grande

Paul Mason
ilustrado por Vladimir Aleksic

Capítulo 1 El viaje de pesca

Cuando sonó la campana para el recreo, Miguel y sus amigos se lanzaron hacia el patio de juegos. Era el último día de clase y los gritos de emoción se oían por todo el patio como el canto de los pájaros al amanecer.

Miguel estaba impaciente. A primera hora del siguiente día, él y su tío Mario irían a la cabaña de su familia en el bosque que rodea el lago Lacuna.

Aunque el lago significaba pesca en abundancia, había una regla en la cabaña: no se podía usar tecnología.

—¿Quieres decir que ni siquiera hay un televisor? —preguntó sorprendido Diego, el amigo de Miguel.

Miguel negó con la cabeza.

—No.

—Bueno, pero al menos puedes jugar videojuegos, ¿verdad?

—Como te dije, no hay tecnología. Es la norma de la familia. Allí vamos a pescar. Este año voy a atrapar al Grande, es un enorme bagre que ha vivido en el lago durante años —dijo Miguel encogiéndose de hombros.

—¡Puaf! No es mi idea de diversión. Llámame cuando regreses. Estaré jugando en mi computadora —dijo Diego arrugando la nariz.

A la mañana siguiente, Miguel observó desde la ventana de su habitación cómo la camioneta del tío Mario resonaba mientras se detenía frente a su edificio de apartamentos. El tío Mario lo vio y lo saludó con el brazo extendido.

—¿Tienes tiempo para un café? —le preguntó el papá de Miguel a su hermano menor, mientras lo conducía hacia la cocina.

—Solo uno rápido; ya siento que los peces comienzan a morder.

Detective del lenguaje

En la oración subrayada, ¿cuál es el complemento circunstancial?

En el camino hacia la remota cabaña, el tío Mario y Miguel hablaron del ruido de la camioneta. Esta resonaba como una pandereta a medida que subía por el empinado y serpenteante camino.

Finalmente llegaron al pequeño pueblo de Lacuna. El tío Mario se detuvo frente a la Tienda de Santiago.

—Será mejor que llevemos algunas provisiones.

Santiago estaba detrás del mostrador, con la cabeza oculta por un periódico, pero levantó la mirada con una amplia sonrisa cuando los vio entrar. La pared de atrás estaba cubierta de fotos de peces.

—Vaya, miren quienes están aquí. Hace rato no los veía, muchachos.

El tío Mario estrechó la mano de Santiago.

—Estaremos en la cabaña por unos días, Santiago, así que necesitamos algunas provisiones.

—La pesca no está muy buena estos días, pero eso puede cambiar —dijo Santiago.

—¿Y qué hay del Grande? —preguntó Miguel.

—¿Crees que lo vas a atrapar? —preguntó Santiago riendo entre dientes—. Hasta ahora nadie lo ha logrado, incluso el Viejo arrastró a un muchacho al lago.

—Esa es solo una vieja historia —dijo el tío Mario sonriendo.

Santiago guiñó un ojo y le preguntó a Miguel:

—Entonces, ¿cuál es tu estrategia?

—Usar la carnada más olorosa posible. El bagre percibe a su presa por el olor, ¿verdad? He leído al respecto.

—Bueno, creo que te puedo ayudar con eso —dijo Santiago.

Capítulo 2 Un escape del sedal

Cuando Miguel y el tío Mario llegaron a la cabaña, abrieron la chirriante puerta de madera y entraron sus equipos.

A Miguel le encantaba la vieja cabaña. Encima de la chimenea estaba el bagre disecado que su papá había pescado cuando era joven. El pez era enorme, pero sus aletas se veían frágiles por el paso del tiempo.

"Tal vez si atrapo al Grande se gane un lugar allí", pensó Miguel.

El tío Mario y Miguel bajaron por el camino hasta la orilla del lago, con la esperanza de encontrar un lugar en el muelle. Ya había varias personas en la orilla con sus cañas de pescar en la mano, pero el muelle estaba desierto.

No tardaron mucho tiempo poniendo la carnada en los anzuelos ni lanzándolas al agua verde. Miguel miró fijamente el agua, tratando de ver bajo la superficie.

—Qué bueno es estar aquí —dijo el tío Mario, contemplando el bosque que rodea el lago—. Tenemos que agradecer al bisabuelo. Él construyó la cabaña para esconderse aquí y escribir en paz.

—¿Escribir? —preguntó Miguel sorprendido.

—Sí. En su tiempo libre escribía poemas. Incluso, algunos de ellos fueron publicados —respondió el tío Mario asintiendo.

Miguel se sentó en el muelle. Mientras balanceaba las piernas, trataba de imaginar a su bisabuelo escribiendo en la cabaña.

Entonces ocurrió: un tirón. Al principio no estaba seguro, pero luego el pez tiró nuevamente del sedal. Miguel se incorporó agarrando fuertemente la caña de pescar.

—¡Tengo uno! —gritó cuando el pez comenzó a tirar con más fuerza.

Miguel observó la tensión en su sedal, trató de alcanzar el carrete para soltar el freno y dejar que el pez avanzara con el sedal.

Detective del lenguaje

En la oración subrayada, ¿cuál es el complemento circunstancial?

Miguel tiró de su caña y entonces el sedal se aflojó. El pez había desaparecido.

—El sedal no resistió. Ese pez debe ser enorme —dijo el tío Mario.

Aunque Miguel estaba decepcionado, su corazón latía a toda velocidad. Rápidamente, ató un nuevo anzuelo y un plomo, y volvió a lanzar su sedal al agua.

Aunque él y el tío Mario estuvieron allí hasta el atardecer, ninguno de los dos logró atrapar un pez.

Al día siguiente, volvieron donde Santiago y compraron un sedal más fuerte y más carnada. Decidieron intentar en otro lugar de pesca, e incluso, fueron a pescar en la noche. Pero los bagres no picaban.

—Esto ocurre a veces —dijo el tío Mario.

Miguel comenzaba a creer que Diego tenía razón. Quizá debió haberse quedado en casa a jugar en la computadora.

La noche antes de volver, Miguel se quedó mirando el pez disecado en la pared y suspiró. Solo tenía una oportunidad más, así que lo mejor sería aprovecharla al máximo.

Capítulo 3 Una mordida

Al día siguiente, después de desayunar temprano, Miguel y el tío Mario corrieron al lago e intentaron pescar en un lugar más alejado, que Santiago les había recomendado.

Había una niebla matinal en el lago y el agua estaba tan lisa como el cristal. Miguel admitió que era muy hermoso, aun ante la probabilidad de tener que volver con las manos vacías.

Miguel se quedó mirando el agua, deseando que un pez apareciera. Finalmente sucedió: la mordida que había estado esperando. Su carrete comenzó a sonar y la caña comenzó a bajar.

Hubo un temblor en el sedal. Después un fuerte tirón.

—¡Tengo algo! —exclamó Miguel.

Su caña se inclinó de nuevo y su carrete continuó sonando a medida que el pez tiraba del sedal. Miguel comenzó a enrollarlo.

—No lo enrolles todavía —dijo el tío Mario, quien soltó su caña de pescar y se dispuso a ayudarlo—. Cuando el pez deje de tirar, enrolla un poco.

—¡Es grande! —exclamó Miguel asintiendo.

Miguel podía sentir al pez luchando mientras tiraba del sedal, tratando de escapar. El niño se apartó de la orilla del agua.

Su carrete seguía sonando a medida que el pez tiraba del sedal. Entonces, el pez se detuvo por un momento y Miguel enrolló el sedal, pero no por mucho tiempo. El pez volvió a luchar y la caña se inclinó por la tensión.

En la superficie, vio un destello de la cola oscura y alcanzó a ver el vientre blanco. El pez no se rendía con facilidad, y los brazos de Miguel comenzaban a cansarse.

El tío Mario estaba a su lado dispuesto a ayudarlo, pero Miguel quería atraparlo solo.

Miguel movió su caña hacia arriba y hacia atrás, y luego la dejó caer a medida que enrollaba un poco más el sedal. El pez tiró una vez más. Miguel volvió a levantar su caña haciendo un gran esfuerzo. Ahora podía sentir que el pez comenzaba a agotarse.

Ahora el pez estaba en la superficie, salpicaba y daba vueltas mientras agitaba su cola. ¡Era un bagre! Estaba vencido y Miguel lo sabía. Siguió enrollando el carrete mientras se tambaleaba hacia atrás y se alejaba del agua.

—¡Vaya! ¡Es un monstruo! —exclamó el tío Mario.

Agarró el sedal y arrastró al pez hacia el agua poco profunda. Miguel bajó su caña y se dibujó una gran sonrisa en su cara. Era el Grande, tenía que ser él.

Capítulo 4

Capturar y liberar

La cabeza del pez era enorme; tenía largos bigotes y los ojos en blanco. Su piel tenía el color del frío acero y su cuerpo medía al menos tres pies de largo. Se estremecía en el agua poco profunda, y abría y cerraba su boca, que parecía de goma.

—Seguro que este es el Grande —exclamó el tío Mario dándole una palmada en la espalda a Miguel—. Nunca he pescado un animal de este tamaño. ¡Buen trabajo!

Miguel asintió. Pero ahora, al ver al pez moviéndose a sus pies, ya no estaba seguro de lo que quería. Ese bagre era viejo, había permanecido en el lago por muchos años.

Si se lo llevaban, pondrían fin a la leyenda de ese sitio y el pez se convertiría en un adorno más que acumularía polvo en la repisa de la chimenea.

Miguel tomó una decisión.

—Rápido, tío Mario. Tómale una foto antes de devolverlo al agua.

El tío Mario levantó las cejas, pero luego comprendió. Tomó un par de fotografías al pez antes de quitar el anzuelo de su boca.

Con dificultad, levantaron al pez, caminaron entre el agua y lo sumergieron en ella. El bagre se sacudió un poco y luego desapareció precipitadamente bajo la superficie.

—Bueno, nada en toda la semana y luego el Grande. ¡Bien hecho, muchacho! —dijo Santiago sonriendo.

—Yo le tomé una foto —dijo el tío Mario—. Te enviaré una copia para que la pegues en la pared.

—Excelente —dijo Santiago alegremente.

Miguel y el tío Mario recogieron su equipo de pesca y se dirigieron hacia la cabaña.

Era tiempo de volver a casa, pero antes se detuvieron en la Tienda de Santiago.

Las fotografías podían mostrar el tamaño del pez y probar que él lo había atrapado, pero estas no contarían toda la historia.

"Tal vez yo siga los pasos de mi bisabuelo", pensó Miguel.

Podría ser creativo y llegar a escribir un poema, algo descriptivo que le diera vida a su experiencia. Una imagen en palabras sobre el momento en que atrapó a una leyenda, pero la dejó vivir.

Respuesta a la lectura

Resumir

Usa detalles importantes de *El Grande* para resumir el cuento. Puedes usar el organizador gráfico como ayuda.

Detalles

↓

Punto de vista

Evidencia en el texto

1. ¿Qué características te indican que *El Grande* es ficción realista? **GÉNERO**

2. ¿Este cuento lo relata un narrador en primera o en tercera persona? Usa detalles del texto que te permitan identificar el punto de vista del autor. **PUNTO DE VISTA**

3. ¿Qué símil usa el autor para describir la camioneta en la página 4? **LENGUAJE FIGURADO**

4. Escribe acerca de cómo el cuento cambiaría si fuera contado desde otro punto de vista. **ESCRIBIR SOBRE LA LECTURA**

Género **Poesía**

Compara los textos

Lee algunas poesías inspiradas en animales.

Luciérnaga

Aramís Quintero (escritor cubano)

Bajo la noche llena
de estrellas y luceros,
va una estrellita sola
parpadeando en silencio.

Vocecita que pasa
contándonos un cuento.
No se oye. Se siente
pasar su pensamiento.

Illustration: Catherine Huerta. Poeta y narrador cubano, ha publicado más de veinte libros para adultos, niños y jóvenes. Reside en Chile, donde es

Doña Araña tejedora

Ángela María Pérez Beltrán
(escritora colombiana)

Doña Araña sabe andar
por su tela colosal,
para visitar flores,
hojas y plantas por igual.

Su tela quiero palpar.
Pienso que doña Araña
música puede tocar
DO, RE, MI, las notas da.

Esta es la fiel narración

Poema en décimas de la tradición popular de Puerto Rico

Esta es la fiel narración
del caso más estrambótico
que según un dato histórico
sucedió en cierta ocasión;
no se sabe en qué nación
pues no lo indica el relato,
un reportero sensato
hizo las anotaciones,
de un congreso de ratones
para librarse del gato.

Era que el gato en exceso
los ratones se comía,
y por eso ellos un día
celebraron un congreso.
Con el propósito expreso
de concertar un buen trato,
a que el felino nongrato
sin piedad los acechaba,
y algo se necesitaba
para librarse del gato.

Formando delegaciones
llegaron allí invitados,
los ratones más versados
de las distintas naciones;
pues en todas las regiones
sufrían el mismo maltrato,
y el momento era muy grato
para juntos conversar
y alguna forma encontrar
para librarse del gato.

Como en toda gran reunión
de que se tenga memoria
hubo piezas de oratoria
aplausos y discusión.
Y un regordete ratón
parlamentarista innato
irrumpió en el pugilato,
y colocándose en medio
dijo que tenía el remedio
para librarse del gato.

Illustration: Catherine Huerta

El remedio, según él
para acabar su atropello,
era colgarle en el cuello
al cruel gato un cascabel;
cosa que aceptó el tropel
tras aplaudir largo rato,
pues causaron gran impacto
las frases del delegado,
que un truco se había ideado
para librarse del gato.

Del magno congreso aquel
la algarabía terminó,
cuando un ratón preguntó.
¿Quién le pone el cascabel?
Ninguno aceptó el papel
de enfrentársele al ingrato,
y de acuerdo a ese relato
no hay ratón que se disponga,
y que el cascabel le ponga
para librarse del gato.

Haz conexiones

¿Qué pudo inspirar a la poeta para escribir "Doña Araña tejedora"? **PREGUNTA ESENCIAL**

¿Cómo inspiran los animales a los autores de "Luciérnaga", "Doña Araña tejedora" y *El Grande*? **EL TEXTO Y OTROS TEXTOS**

Enfoque:
Género

Poesía Los poemas expresan pensamientos o sentimientos. Con frecuencia, los poemas emplean lenguaje figurado, como el símil y la metáfora, para describir algo.

Lee y descubre Los poemas de la lectura complementaria están inspirados en animales. En "Luciérnaga", el poeta emplea una metáfora para describir a la luciérnaga. En "Doña Araña tejedora", la poeta usa un símil para describir la tela de la araña. Vuelve a leer estos dos poemas. Busca el símil y la metáfora. ¿Cómo describe cada uno al animal?

Tu turno

Entre compañeros escojan una fotografía o una ilustración de un animal que les interese. Inspírense en ella para escribir su propio poema.

Para componer un poema, comiencen escribiendo varias líneas, hasta que encuentren la mejor forma de describir al animal de manera bella y expresiva. No olviden emplear símiles y metáforas para describirlo.

Pongan el poema que escribieron junto a la imagen que emplearon como inspiración.